Snow Effects

Impressionists in Winter: Effets de Neige, the first exhibition devoted to Impressionist winter landscapes, contained works by Claude Monet, Camille Pissarro, Alfred Sisley, Gustave Caillebotte, Paul Gauguin, and Pierre-Auguste Renoir. The exhibition opened at The Phillips Collection in Washington, D.C., in 1998 and moved to the Center for the Arts at Yerba Buena Gardens in San Francisco in 1999.

Les impressionnistes en hiver : Effets de neige, première exposition consacrée aux paysages d'hiver de la peinture impressionniste, comprend des œuvres de Claude Monet, Camille Pissarro, Alfred Sisley, Gustave Caillebotte, Paul Gauguin et Pierre-Auguste Renoir. L'exposition ouvrit en 1998 à la *Phillips Collection* de Washington, puis en 1999 au *Center for the Arts at Yerba Buena Gardens* de San Francisco.

Snow Effects

Poems on Impressionists in Winter

Lynne Knight

with French translations by
Nicole Courtet

SMALL POETRY PRESS

Select Poets Series

ISBN 1-891298-04-6

Library of Congress Control Number 00-135027

Acknowledgments

The author wishes to thank the following galleries and museums
for permission to reproduce the paintings:

Art Institute of Chicago; The Cleveland Museum of Art;
Musée d'Orsay, Paris; The Nelson-Atkins Museum of Art,
Kansas City; Philadelphia Museum of Art; The Phillips
Collection, Washington, D.C.; Pyms Gallery, London.

Cover art: Claude Monet, French, 1840-1926. *The Magpie,* 1869.
Oil on canvas, 89x130 cm, Musée d'Orsay, Paris.

Photo of Lynne Knight by Matt Phillips

Photo of Nicole Cortet by Frank Gruliow

Book and Cover Design by David Alpaugh

Small Poetry Press

P.O. Box 5342
Concord, CA 94524
USA

www.smallpoetrypress.com

For Michael

Author's Note

The paintings in *Impressionists in Winter: Effets de Neige* record landscapes and scenes from some of the most severe winters France has ever known. Snowfalls were heavy; often the Seine froze solid; sudden thaws made for a violent break-up of the ice—*la débâcle*—that was the subject of some of the paintings. But then again the break-up was *not* the subject. Nor were the villages or houses, the figures hurrying along a cold street or across a field. For the Impressionists, the only subject was light.

As I looked at the paintings, they seemed to me more than studies of light. They were variations on a universal theme: the passing of light into dark, of love into death. I saw them as meditations on the body in winter, and they led me to my own version of snow effects.

Note de l'auteur

Les peintures de l'exposition *Les Impres-sionnistes en hiver : Effets de neige* dépeignent les paysages et scènes des hivers les plus rigoureux que la France ait connus. La neige tombait en abondance; la Seine gelait sou-dainement puis dégelait violemment en un amas de blocs de glace — *la débâcle* devint le sujet de tableaux. Néanmoins, la débâcle n'en était pas le thème en lui-même. Pas plus que les villages, les maisons ou les personnages se pressant le long d'une rue glacée ou tra-versant un champ. Pour les Impressionnistes, l'unique sujet était la lumière.

Comme je contemplais ces peintures, elles me semblaient être plus que des études de la lumière. Elles s'avéraient être des variations sur un thème universel : le passage de la lumière à l'obscurité, de l'amour à la mort. Elles me sont apparues comme des méditations sur le corps en hiver et m'ont conduite à ma propre version d'effets de neige.

CONTENTS

Snow Effect at Argenteuil (Sisley)   2

Body That I Bring to You in Winter   3

Le Corps que je t'offre en hiver   4

Snow at Louveciennes (*Sisley*)   6

The Snow Bride   7

La mariée de neige   8

View of Rooftops (Snow) (Caillebotte)   10

Bodies like Deeper Beds   11

Corps comme lits plus profonds   12

Road, Winter Sun and Snow (Pissarro)   14

Horse Shadowing Two Bodies   15

Cheval ombrant deux corps   16

Snow at Louveciennes (Sisley)   18

Body Bent on More   19

Corps courbé sur le devenir   20

Skaters in the Bois de Boulogne (Renoir)   22

Bodies in Black and White   23

Corps en noir et blanc   24

The Magpie (Monet)   26

Body in Remembrance   27

Corps en souvenir   28

Snow at Louveciennes (Pissarro)   30

Body in a Dream of Arms   31

Corps dans un rêve de bras et d'armes   32

CONTENTS

The Seine at the Pont d'Iéna, Snowy Weather (Gauguin)   34

Standing in a Dream of Body   35

Debout, dans un rêve de corps   36

View of Argenteuil, Snow (Monet)   38

Body in a Dream of Spring   39

Corps dans un rêve de printemps   40

A Cart on the Snowy Road at Honfleur (Monet)   42

Bodies in a Ghostly Reach   43

Corps en spectres étirés   44

The Red Kerchief: Portrait of Mrs. Monet (Monet)   46

Mme Monet, Reflecting   47

Madame Monet, dans ses pensées   48

Boulevard des Capucines (Monet)   50

Body of Desire   51

Corps de désir   52

Sunset on the Seine in Winter (Monet)   54

Body in Late Meditation   55

Corps en sa méditation du soir   56

Morning Haze (Monet)   58

Body as a River Passing into Shadow   59

Corps, comme fleuve glissant vers l'ombre   60

S N O W   E F F E C T S

Of course, it is mere fiction, the idea of being able to paint without subject, without narrative. The viewer reads in narrative just as the eye reads in light.

—Serena Pichou, "False Impressions"

Naturellement, c'est de la pure fiction, l'idée de pouvoir peindre sans sujet, sans narration. Le spectateur lit dans la narration tout comme l'oeil lit dans la lumière.

Je m'éveille, attendu par cette neige fraîche
Qui me saisit au creux de ma chère chaleur...

—Paul Valéry, "Neige"

I awake to fresh snow
that seizes me in the depths of my sweet heat...

Snow Effect at Argenteuil, 1874
Effet de neige à Argenteuil

Alfred Sisley, French, 1839-99

Oil on canvas, 54x65 cm

Private collection
Courtesy of Pyms Gallery, London

Body That I Bring to You in Winter

There was more snow than usual
those winters, as if Nature had contrived
to complicate things for the painters,

confuse their eyes while they tried
to paint light becoming light
with the speed of the body becoming

lover—lifted from the ordinary
into radiant particles. How their bodies
must have ached as they waited

under swirling flakes to paint more
snow effects, sometimes the snow
itself, falling over trees, fields

that break down into brush strokes
when I move in close, until I can smell
the oils, feel how a body loses

heat. If I were Sisley, I'd have to stop
a minute, coax the cold from my fingers.
But I'd want to keep going. Love

cries are the same in any language.
Look: they break open like light, they go on
long after the body turns to winter.

Le Corps que je t'offre en hiver

Il y avait plus de neige qu'à l'ordinaire
ces hivers-là, comme si Nature complotait
de compliquer le travail des peintres,

de brouiller leur vision alors qu'ils tentaient
de peindre la lumière devenant lumière
à la vitesse du corps devenant

amant—élevé de l'ordinaire
en particules radieuses. Comme leur corps
devaient peiner dans l'attente

de peindre sous un tourbillon de flocons
de nouveaux effets de neige, parfois la neige
même tombant sur les arbres, sur les champs

qui se désagrègent en touches de couleur
quand je m'en approche au point d'en sentir
les essences d'huile, de sentir comment le corps perd

de sa chaleur. Si j'étais Sisley, je ferais une pause
afin de chasser le froid de mes doigts
tout en aspirant à persévérer. Les cris

d'amour sont les mêmes en toute langue.
Regarde: ils éclatent comme lumière, se prolongent
bien après que le corps hiverne.

Snow at Louveciennes, 1874

Jardin à Louveciennes—Effet de neige

Alfred Sisley, French, 1839-99

Oil on canvas, 55.9x45.7 cm

The Phillips Collection
Washington, D.C.

The Snow Bride

Today there's no wind, so Mme Lafitte
has taken her umbrella as she hurries
along the lane for butter. Everything's
still. The snow-dusted poplars hover
like smoke at the far end of the village—
Louveciennes, where days of snow
have heaped the lane. Mme steps high,
feeling the pull in her leg muscles.

She's making *pain du beurre,* to woo
M Lafitte back to her. Oh, there's no
other woman, just the general gloom
of winter, cast upon the passing into age.
He stares out the window as if reading
books of snow. Last night she dreamed
he took her in his arms, but they were
snow, so she woke wanting

the bread, heavy, rich with butter.
She's left her apron on under her coat,
all dusted with flour, as if it's snowed
there, too—snowed everywhere, even
her mind, so numb with cold she forgot
to bring the milk in from the stoop
before it froze. Oh, to make him
want her as he wants the warm bread—

She passes the little garden at the turn,
the slats of its green gate crisscrossed
like swords of iris. She'll soften the butter
on the stove, covered with a cloth to keep
Minouche from licking it. Then the long
kneading. She'll pull and pull the dough
till it shines like the stitched-in ribbon
of the wedding gown she still fits in.

La mariée de neige

Aujourd'hui il n'y a pas de vent, alors Madame Lafitte
a pris son parapluie et va chercher du beurre,
se dépêchant au long de la ruelle. Tout
est calme. Les peupliers enneigés flottent
tels des fumées à l'autre bout de la ville—
Louveciennes, où de jour en jour la neige
s'amoncelle. Elle élève le pas et sent
s'étirer les muscles de ses jambes.

Elle fait du pain au beurre pour regagner le cœur
de Monsieur Lafitte. Oh ! non pas qu'il y en ait
une autre, juste la grisaille hivernale
jetant son ombre sur la venue de l'âge.
Lui songe à la fenêtre comme s'il lisait
des livres de neige. Cette nuit elle a rêvé
qu'il la tenait dans ses bras mais ils étaient
de neige et elle s'est réveillée désirant

le pain lourd et riche de beurre.
Sous son manteau elle a gardé son tablier,
tout enfariné comme s'il avait neigé
là aussi—neigé partout, même dans son esprit,
si engourdi par le froid qu'elle a oublié
de rentrer le lait de la véranda
avant qu'il gèle. Oh ! faire qu'il la désire
autant qu'il désire le pain chaud—.

Elle contourne le petit jardin,
les lattes de son portail vert entrecroisées
comme des lances d'iris. Elle fera ramollir le beurre
sur le fourneau, couvert d'un linge pour empêcher
Minouche de le lécher. Alors viendra le lent
pétrissage. Elle tirera et étirera la pâte
jusqu'à ce qu'elle luise comme les rubans
de sa robe de mariée qui lui va encore.

View of Rooftops (Snow), 1878

Toits sous la neige, Paris

Gustave Caillebotte, French, 1848-94

Oil on canvas, 64x82 cm

Musée d'Orsay, Paris

Bodies like Deeper Beds

Soon their bodies would begin the drift to sleep.
Winter went on deepening.
Like long white flowers, though no one thought of spring,
smoke rose from red clay chimneypots.

Winter went on deepening.
No one heard the lovers crying out.
Smoke rose from red clay chimneypots.
Below, the river churned and slowed, iced over.

No one heard the lovers crying out
in high quick bursts.
Below the river churned and slowed. Iced over,
even trees held still. No one thought of buds or flowering

in high quick bursts.
Like figures from a silence
even trees held still. No one thought of buds or flowering.
The lovers climbed into each other's bodies

like figures from a silence.
In downward spirals, the sounds of birds and wind fell still as snow.
The lovers climbed into each other's bodies
like deeper beds.

In downward spirals, the sounds of birds and wind fell still as snow
over the already snowbound city, slowly deepening
like deeper beds.
Who could hear such cries go still?

Over the already snowbound city, slowly deepening,
a drift began against the windows.
Who could hear? Such cries go still.
Each lover sought the other's heat.

A drift began against the windows.
Soon their bodies would begin the drift to sleep.
Each lover sought the other's heat
like long white flowers, though no one thought of spring.

Corps comme lits plus profonds

Bientôt leurs corps sombreraient de sommeil.
L'hiver durait, s'approfondissant.
Comme de longues fleurs blanches, sans que nul ne songe au printemps,
des fumées s'élevaient des cheminées d'argile.

L'hiver durait, s'approfondissant.
Nul n'entendait les amants s'exclamer.
Des fumées s'élevaient des cheminées d'argile.
En bas le lent fleuve tourbillonnait, couvert de glace.

Nul n'entendait les amants s'exclamer
en de clairs éclats brefs.
En bas le lent fleuve tourbillonnait. Couverts de glace,
mêmes les arbres se figeaient. Nul ne songeait bourgeons ou floraison

en de clairs éclats brefs.
Comme des ombres émergeant d'un silence,
même les arbres se figeaient. Nul ne songeait bourgeons ou floraison.
Les amants entremêlaient leurs corps

comme des ombres émergeant d'un silence.
Tombant en spirales, les sons d'oiseaux, de vent se figeaient comme neige.
Les amants entremêlaient leurs corps
comme lits plus profonds.

Tombant en spirales, les sons d'oiseaux, de vent se figeaient comme neige
sur la ville déjà enneigée, lentement s'approfondissant
comme lits plus profonds.
Qui pouvait entendre de tels cris se figer ?

Sur la ville déjà enneigée, lentement s'approfondissant,
la neige peu à peu s'amoncelait contre les fenêtres.
Qui pouvait entendre ? De tels cris se figeaient.
Chaque amant recherchait la chaleur de l'autre.

La neige peu à peu s'amoncelait contre les fenêtres.
Bientôt leurs corps sombreraient de sommeil.
Chaque amant recherchait la chaleur de l'autre
comme de longues fleurs blanches, sans que nul ne songe au printemps.

Road, Winter Sun and Snow, c. 1869-70

Route de Versailles, Soleil d'hiver et neige

Camille Pissarro, French, 1830-1903

Oil on canvas, 46x55.3 cm

Carmen-Thyssen-Bornemisza Collection

Horse Shadowing Two Bodies

They stand apart in the horse's shadow.
It's an old story: They can never be alone
again. In the glare of afternoon he searches
for flaws in her face or figure that will ease
the loss he can feel coming on like the cold
of night. She keeps her eyes on the road,

rutted from the winter's sudden thaws, a road
she has hurried along to see him, her shadow
a blur she leaves behind as she left the cold
bed of her husband this morning, feeling alone
though night after night he takes her to ease
his bitter need, pulls her close, searches

in her the way a rootless man searches
for something dropped on a dark country road,
raking his hands over the surface, no ease
in the motion, as his quick jerking shadow
above her always shows. She lies so alone
she thinks even her blood has left her, cold

in her heart like a wind, as if he's let the cold
from his skin sink through her as he searches,
heedless of her own need. Years of this. Alone,
she whispers wild vows to the lover, the road
she dreams of taking to him draining of shadow
unlike the house of her husband. Oh, for the ease

of her lover's hands every day—the sweeter ease
of coming so quickly from the husband's cold
into a life where he and his need no longer shadow
her, heavy as cloth. But what if he searches
for her now, what if he comes down the road
on his own horse, sees her standing here alone

with the lover—. *He knows. We can't be alone,*
she whispers, and the old horse stirs from his ease,
begins snorting and stamping the mud-loose road
that will soon descend into dark and cold
like the lovers. Frantic, now, the horse searches
its feedbag, whinnies to find only shadow.

But the two of them, so alone in the shadow
of grief, can't ease the horse. The man searches
her face one last time. The road back will be cold.

Cheval ombrant deux corps

Ils se tiennent côte à côte dans l'ombre du cheval.
C'est une vieille histoire: jamais ils ne peuvent être seuls
à nouveau. Dans l'éclat du soir, il cherche en elle
un défaut sur son visage, dans son corps, pour apaiser
la perte qu'il peut sentir venir comme le froid
de la nuit. Elle fixe des yeux la route

creusée d'ornières par de soudains dégels, la route
où elle s'est dépêchée pour le voir, son ombre
un flou laissé derrière elle en quittant le lit froid
de son mari ce matin car elle se sentait seule
alors que nuit après nuit il la prend pour apaiser
son violent besoin, la tire contre lui et cherche

en elle comme un vagabond cherche
un objet perdu sur une sombre route,
ratissant la surface de ses mains, sans jamais apaiser
les rapides secousses saccadées de son ombre
planant au-dessus d'elle. Et elle gît là si seule,
pensant que même son sang l'a abandonnée, froid

dans son coeur comme le vent, comme s'il avait laissé le froid
couler de sa peau, la traverser, alors qu'il cherche,
ignorant ses besoins à elle. Des années ainsi. Seule,
elle chuchote des serments fous à son amant, la route
qu'elle prendra jusqu'à lui, délaissant l'ombre
de la maison de son mari. Oh ! être apaisée

chaque jour par ses mains d'amant—doucement apaisée
de passer si rapidement de son mari si froid
à une vie où lui et son besoin ne jettent plus leur ombre
sur elle, lourde somme une chape. Et si jamais il la cherche
maintenant, si jamais il arrive sur cette route,
sur son cheval à lui, s'il la voit, elle debout seule

avec son amant—. *Il le sait. On ne peut pas être seuls,*
chuchote-t-elle, et le vieux cheval, jusque là apaisé,
se met à renâcler, à piaffer dans la boue de la route
sur laquelle descendront bientôt la nuit et le froid
comme sur les amants. Maintenant agité, le cheval cherche
dans son sac d'avoine, hennit, n'y trouvant que de l'ombre.

Mais tous deux, debout côte à côte, si seuls dans l'ombre
du chagrin, ne peuvent apaiser le cheval. L'homme cherche
sur le visage pour la dernière fois. Sur la route du retour, il fera froid.

Snow at Louveciennes, 1878

La neige à Louveciennes

Alfred Sisley, French, 1839-99

Oil on canvas, 61x50.5 cm

Musée d'Orsay, Paris
Bequest of Comte Isaac de Camondo

Body Bent on More

I'm walking down a snowy road past pines
so heaped with snow they bend like old women
at some task—dusting, or sweeping a cold hearth.
Even the wind seems rounded like their backs.
I try to make my spine straight, but I can feel

the weight of the snow on it, as if I'd been caught
like one of the pines in night-long accumulation.
I remember my lover's hands moving down
my vertebrae, touching the bones like small
knots in braided cord: *You're too thin.*

All winter in his voice. Then the night he told me
Stop holding all that grief in your spine
as if it were a rope I might let down.
More winter. I lay beside him seeing myself
walk the road past pines so heaped with snow

they bent like old women. Even the pillow
felt cold. Later, I stood looking out the window,
so cold I could have sworn there was snow
on my skin, my hair, snow piling on
my spine, bending me over my future.

Corps courbé sur le devenir

Dans une rue toute enneigée je passe des arbres
ployant sous la neige comme de vieilles femmes
affairées—dépoussiérant, balayant un âtre froid.
Même le vent semble courbé comme leur corps.
Je tente de redresser le dos, mais je peux sentir

sur lui le poids de la neige comme si j'avais été attrapée
telle un de ces arbres sous l'accumulation de la nuit.
Je me remémore les mains de mon amant le long
de mon dos, touchant les vertèbres comme les menus
nœuds torsadés d'une corde : *Tu es trop maigre.*

Tout l'hiver dans sa voix. Et puis la nuit où il m'a dit
Cesse de retenir tout ce chagrin dans ton dos
comme si c'était une corde que je pourrais lâcher.
L'hiver encore. Allongée à son côté je me voyais marcher
dans le chemin enneigé passant des arbres si lourds de neige

qu'ils courbaient comme de vieilles femmes. Même l'oreiller
paraissait froid. Plus tard, j'étais debout à la fenêtre,
j'avais si froid que j'aurais juré sentir la neige
sur ma peau, mes cheveux, la neige s'accumuler
sur mon dos, me courber sur mon devenir.

Skaters in the Bois de Boulogne, 1868
Les patineurs à Longchamp

Pierre-Auguste Renoir, French, 1841-1919

Oil on canvas, 72.1x89.9 cm

From the collection of William I. Koch

Bodies in Black and White

No one has a face. They skate, snow faces
above long dark coats. Mourners' coats.

Even those pressed close into the wind along
the lake's near edge go faceless. Two dogs,

one gold, one grey, wait on the ice like icons
of Heaven and Hell. No, closer still,

the gold dog seems more like a trick
of light than dog, companion to the bright

red hats, the blue, wind-trailing scarves—
as if Renoir, who saw the snow as a blight

on Nature, had abandoned the simple
division into black and white at the last

strokes, choosing the ambiguity of
life-in-death and death-in-life. Still, the heart

sees what it sees. He painted snow, reaching
repeatedly for the black on his palette.

Corps en noir et blanc

Aucun n'a de visage. Ils patinent, visages de neige
surmontant de sombres manteaux. Manteaux de deuil.

Même ceux d'entre eux pressés contre le vent le long
de la rive proche n'ont de visages. Deux chiens,

l'un gris, l'autre roux, veillent sur la glace, icônes
de l'Enfer et du Paradis. Non, de plus près,

le chien roux se révèle être une ruse
de la lumière plutôt qu'un chien, compagnon

des bonnets rouges, écharpes bleues flottant au vent—
comme si Renoir, pour qui la neige gâchait

le paysage, avait renoncé à la simple division
en noir et blanc dans ses dernières touches,

choisissant l'ambiguïté de la vie en la mort
et de la mort en la vie. Mais le cœur

voit ce qu'il voit. Il a peint la neige, revenant
encore et encore au noir de sa palette.

The Magpie, 1869

La Pie

Claude Monet, French, 1840-1926

Oil on canvas, 89x130 cm

Musée d'Orsay, Paris

Body in Remembrance

The bird's shadow is painted in reverse.
Like a woman pulling her dark shawl
about her, her spine bent, it has stopped

chattering, it wishes to be remembered
for something more august, some portent
its small black body holds against

the whiteness of the snow. Of course
the snow is not whiteness. Nothing is
that pure or unmediated. Even the horizon

is made deeper by the three spindly trees,
the snow-covered fence and thin-runged ladder
that make us think we are standing still

watching the bird watch its shadow,
silent, unflickering. It is the world caught
in an instant, so it is not the world,

which is already shifting as Monet shakes
the cold from his fingers, takes back
the brush, cursing aloud as the magpie

flies off for the horizon, the snow on the rung
of the ladder dislodged softly, but so few
flakes they'd be impossible to paint.

So Monet works the closer trees,
the long, low-windowed house behind
the snow-deep fence. Inside, the woman at the fire

pulls her shawl closer, leans forward,
mumbling into the flames her dream of life.
None of this can be seen again.

Corps en souvenir

L'ombre de l'oiseau est peinte à l'envers.
Telle une femme ajustant son châle noir
sur elle, le dos courbé, il a cessé

de jacasser, il aimerait qu'on garde de lui
une idée plus auguste, un présage
que son menu corps noir porte contre

la blancheur de la neige. Naturellement
la neige n'est pas la blancheur. Rien n'est
si pur ni absolu. Même l'horizon

devient profond derrière les trois arbres grêles,
la clôture enneigée et le portail à claire-voie,
qui nous font penser qu'on se tient immobile

à observer l'oiseau observer son ombre,
sans broncher, en silence. C'est le monde saisi
dans l'instant, ce n'est donc plus le monde,

qui se transmue déjà pendant que Monet secoue
le froid de ses doigts, reprend son pinceau,
vociférant des injures tandis que la pie

s'envole vers l'horizon, délogeant de la neige
du barreau du portail, mais si peu de flocons
qu'on ne pourrait les peindre.

Alors Monet s'applique à peindre les arbres proches,
la longue maison aux fenêtres basses derrière
la clôture ensevelie sous la neige. Dedans, la femme

à l'âtre, ajustant son châle, se penche en avant
marmonnant aux flammes son rêve de vie.
Rien de tout cela ne se reverra.

Snow at Louveciennes, c. 1871-72

Louveciennes (effet de neige)

Camille Pissarro, French, 1830-1903

Oil on cradled panel, 32.3x47.5 cm

Mr. and Mrs. Lewis Larned Coburn Memorial Endowment
Courtesy of the Art Institute of Chicago

Body in a Dream of Arms

The sun's gone, but the trees are still
wet with melted snow, dark as the stones
in the long wall that will soon heave and spill
with spring, that underground radical
the man longs for with the same desire

he feels for a woman, specific, quick, requiring
nothing beyond being. He wants the woman
wordless as trees, wants night to sink to the bed
like a dark figure to lift them as trees can lift
with their many arms. She has been dead

three years now, first the child, then her,
wrenched from him by wild fever. For weeks
they lay in their plain boxes out behind the barn
while he waited for the ground to thaw. Even after
they were buried, he dreamed they were

rooting and flowering. Then war came.
He fled to England, and when he returned
the house was full of Prussian ruin, the floors
scratched, littered with moldy scraps,
the paintings hacked from their frames,

the mattresses slashed open.
The bed of their loving stood bare.
He hauled the gaping mattress back
to the bedstead, grabbing handsful of down
from the floor, shoving them in until he had enough

to hold him. Then he lay down and slept.
It snowed all that night, the next day and night.
He thought he could feel death sinking through
him like a root, but he woke to wind rushing
the windows, snow blowing loose.

Corps dans un rêve de bras et d'armes

Le soleil a disparu, mais les arbres sont restés
mouillés sous la neige fondue, sombres comme les pierres
du long muret d'où bientôt va sourdre et se répandre
le printemps, cette poussée souterraine
à laquelle l'homme aspire avec le même désir

qu'il éprouve pour une femme, spécifique, hâtif, n'exigeant
rien d'autre que d'être. Il veut de la femme le silence
des arbres, il veut de la nuit qu'elle sombre dans le lit
telle une ombre sombre qui les soulèverait comme le font
les arbres dans leurs multiples bras. Elle est morte

depuis trois ans déjà, d'abord l'enfant, puis elle,
arrachés à lui par une violente fièvre. Des semaines
ils ont reposé dehors dans leurs simples caisses
au dos de la grange, attendant que le sol dégèle.
Même après les avoir enterrés, il rêvait

qu'ils prenaient racine et portaient fleur. Puis vint la guerre.
Il s'enfuit en Angleterre, et quand il revint
la demeure portait la marque des saccages prussiens,
parquets rayés, jonchés de pourriture,
tableaux arrachés de leurs encadrements,

matelas tailladés et éventrés.
Le lit de leurs amours gisait là dénudé.
Il y replaça le matelas étripé,
saisit par poignées le duvet éparpillé
sur le plancher et l'enfourna dans ses entrailles

pour pouvoir s'y coucher. Alors il s'y étendit et dormit.
Il neigea toute cette nuit-là, et nuit et jour le lendemain.
Il lui semblait sentir la mort sombrer à travers lui,
l'enraciner, mais il s'éveilla au souffle du vent
contre la fenêtre, à une envolée de flocons de neige.

The Seine at the Pont d'Iéna, Snowy Weather, 1875
La Seine au pont d'Iéna–Temps de neige

Paul Gauguin, French, 1848-1903

Oil on canvas, 65x92.5 cm

Musée d'Orsay, Paris
Bequest of Paul Jamot

34

Standing in a Dream of Body

Gaugin painted *The Seine at the Pont d'Iéna, Snowy Weather*
that winter [1875]... to his right lay the Champs de Mars where,
twelve years later, the Eiffel Tower would be erected....

—*Impressionists in Winter*

Sometimes the heart opens like water or sky
in wonder at containment. The rest
of the world goes by—the barge pulling
the things of the world, carts on the stone bridge
heading for a field where years from now
a tower will be built, less tower than sketch
of the mind seizing the unknown.

Right now the man sees only water and sky.
The river is about to freeze over,
a greenish cold such as comes to the body
when it forces the idea of spring to flower
out of winter. The sky is blue, gold, pink, a delicate
dream from the last century that the heart
must reject to make room for the iron

of the tower, though now it knows nothing
of future except the rush of cold air and water
that soon begin to feel like heat since opposites
contain each other. The man wants to make
such links. Wants to bolt water and sky
to the body he is dreaming, trembling
as they stream through him.

Debout, dans un rêve de corps

> Gauguin a peint ce tableau, *La Seine au Pont d'Iéna – Temps de neige*
> cet hiver-là [1875]… à sa droite s'étendait le Champ de Mars où,
> douze ans plus tard, serait érigée la Tour Eiffel….
>
> —*Effets de neige*

Parfois le cœur s'ouvre comme eau ou ciel,
émerveillé d'être contenu. Le reste
du monde passe—le chaland halant les choses
de ce monde, les charrettes sur le quai de pierre
allant vers un champ où dans quelques ans
une tour sera érigée, moins tour qu'ébauche
de l'esprit saisissant l'inconnu.

A cet instant l'homme ne voit qu'eau et ciel.
Le fleuve est en train de geler,
d'un froid glauque comme il en vient au corps
lorsqu'il force l'idée de printemps à éclore
de l'hiver. Le ciel est rose, azur et or, rêve
délicat du siècle fini que le cœur
doit renier pour faire place au fer

de la tour, cependant qu'il ne sait rien
de l'avenir hormis le courant d'eau et d'air
qui bientôt se mue en chaleur car les contraires
se contiennent. L'homme veut prendre part
à ces mutations, veut relier eau et ciel
au corps qu'il rêve, tremblant
cependant que le traversent eau et air.

View of Argenteuil, c. 1874

Vue d'Argenteuil, neige

Claude Monet, French, 1840-1926

Oil on canvas, 54.6x65.1 cm

The Nelson-Atkins Museum of Art, Kansas City, Missouri
Gift of Laura Nelson Kirkwood Residual Trust

Body in a Dream of Spring

Overnight the snow's blown back
along the fence, baring the field's dull
grasses, so when the villagers walk

the rutted path toward church, they dream
of spring. Most wear crow-black coats
or dresses, but there's one coming

the other way, headed out of town
in a green coat, hands deep
in his pockets though he's free

of all constraint. The villagers greet him
in secret envy of his green coat ways,
then look quickly away as they hurry on

to the sermon, cold travelling up their legs
in defiance of gravity, like unhappiness
that keeps rising. Oh, why can't they

set it down, why must it get out of bed
with them, slip into their clothes, wait
in their mouths like *Amen.* And why

should that green-coated one go free.
They'll resent him less, come summer—
but snow and cold will make them haul

their dark coats from the attic. Then,
with winter eyes, they'll see him again,
strolling in the opposite direction.

All of them will long to turn and follow.
Next year, they'll promise, holding
their black coats closer, hurrying on.

Corps dans un rêve de printemps

Cette nuit le vent a soufflé la neige
contre la clôture et mis à nu l'herbe terne
du champ, faisant rêver de printemps

les villageois sur le chemin de l'église
sillonné d'ornières. Tous sont vêtus
d'habits d'un noir corbeau hormis

cet homme venant du village à contre-courant,
dans un manteau vert, les mains au fond
des poches, tout en étant libre

de contrainte. Les villageois le saluent, enviant
secrètement ses façons d'homme à manteau vert,
puis détournent vite les yeux, se pressant

vers le sermon, le froid remontant le long de leurs jambes,
défiant la gravité, tout comme cet inassouvissement
qui ne cesse de remonter. Pourquoi donc ne peuvent-ils

s'en décharger, pourquoi doit-il se lever le matin
avec eux, se glisser dans leurs habits, attendre
dans leurs bouches comme un *Amen*. Pourquoi

celui-là au manteau vert devrait-il être libre.
Ils lui en voudront moins dès que l'été viendra—
mais neige et froid leur feront descendre

leurs manteaux sombres du grenier. Alors,
de leurs yeux d'hiver, ils le reverront
errant dans l'autre direction.

Tous aspireront à changer de chemin
et à le suivre. *L'an prochain*, se promettront-ils,
en resserrant leurs manteaux noirs, en se hâtant.

A Cart on the Snowy Road at Honfleur, 1865
La charrette, route sous la neige à Honfleur

Claude Monet, French, 1840-1926

Oil on canvas, 65x92.5 cm

Musée d'Orsay, Paris
Bequest of Comte Isaac de Camondo

Bodies in a Ghostly Reach

Pentimenti show the trees and branches
in the upper left have been painted over,
leaving nothing but their ghostly reach
into sky. Painted over, painted out—
the two figures in the cart don't mind.
Monet decided to add them at the end,
to prevent the empty cart in the road
from resembling grief, since what good

is grief against snow so bright
the spirit learns not to violate the laws
of light and cling to shadow. Besides,
the spirit longs to rumble along the road
past the Saint-Simeon farm,
hearing the bleats of goats drift out
to mix in with the creaking of the axles.
The two figures look up to the trees

no longer seen, then back to the blue
stream of melted snow in the ditch along
the road, widening in the sun. Or maybe
they're watching their own arms reach
for the beloved. There's sky everywhere,
even the road, as it keeps going into
what's beyond. There's no way to know
if they do refuse grief—only their backs

are visible. The horse has eaten well
of alfalfa and steps slowly, like someone
wanting sleep. It feels the loosening
as the two figures let themselves fall
into the ride like sleepers into dreaming.
It will snow before nightfall, snow so long
the empty road, blue stream, even
the vanished trees will cover over.

Corps en spectres étirés

Des retouches révèlent qu'on a recouvert de peinture
des arbres dans le coin gauche en haut du tableau
ne laissant que leurs spectres étirés
vers le ciel. Recouverts de peinture, hors de la peinture—
les deux dans la charrette ne s'en alarment guère.
Monet décida de les ajouter à la fin
pour éviter que le vide de la charrette
ne ressemble au chagrin, car à quoi bon

le chagrin contre neige si radieuse
que l'esprit apprend à ne pas enfreindre les lois
de la lumière et à s'attacher à l'ombre. D'ailleurs,
l'esprit aspire à dévaler la route
au-delà de la ferme Saint-Siméon,
entendant le bêlement de chèvres dans le vent
qui le mêle au crissement des essieux.
Les deux lèvent le regard vers les arbres

invisibles puis le baisse sur le bleu
ruisseau de neige fondue s'écoulant le long
de la route et s'étalant au soleil. Ou bien
regardent-ils leurs propres bras étirés
vers le bien-aimé. Il y a du ciel partout,
même sur la route qui n'en finit pas d'aller
vers l'au-delà. Nul ne peut savoir
s'ils refusent le chagrin— on ne voit

que leurs dos. Le cheval est maintenant repu
de luzerne et lentement chemine, comme
las de sommeil. Il sent un relâchement,
alors que les deux se laissent sombrer
dans la cadence comme des dormeurs dans le rêve.
Il va neiger avant la nuit, neiger si longtemps
que la route désertée, le ruisseau bleu et même
les arbres volatilisés, tout sera recouvert.

The Red Kerchief: Portrait of Mrs. Monet, 1869-71

La Capeline rouge

Claude Monet, French, 1840-1926

Oil on canvas, 99x79.8 cm

The Cleveland Museum of Art, 2000
Bequest of Leonard C. Hanna, Jr.

Mme Monet, Reflecting

Ridiculous to be standing out here
in the cold, or not standing,
exactly—looking as if I'm on my way
somewhere, this big red scarf
tied over my head, Little Red Riding Hood
setting off for the forest.

But he's not thinking of stories.
He wants only what he sees.
By now, I'm probably not even a woman,
let alone his wife, just aspects
of light in this winter blue
godawful squirrel-trimmed suit
he insisted I wear even though
it makes my hips seem wider
than the sea. No, a boat
gliding by the glass doors—the red scarf
a signal of distress. Oh, for the days
when we were just starting out,
and he let me sit in comfort
in a chair or the garden!

One more minute, and that's it.
Let him work from memory.
My feet are almost numb, and the new girl
needs instructions with the roast.

But then again, if I stay a little longer,
he'll be so grateful he'll do anything
I ask tonight in bed.
I'll say my feet are still cold, he has to start
there, and move up. I won't even mind
if he's still intent on the painting.
We'll play that game where I'm the canvas,
his tongue the only brush,
till suddenly I find the one
he likes to use for finishing.

Madame Monet, dans ses pensées

Ridicule d'être debout là
dans le froid ; non, pas vraiment
debout—j'ai l'air en partance
pour je ne sais où, ce grand fichu rouge
noué sur la tête, Petit Chaperon Rouge
en route pour la forêt.

Mais ce ne sont pas des histoires qu'il a en tête.
Il ne veut que ce qu'il voit.
A ce jour, je ne suis sans doute même plus une femme,
encore moins sa femme, mais seulement des aspects
de la lumière sur le bleu hivernal
de ce fichu tailleur galonné d'écureuil
qu'il insiste que je porte alors
qu'il rend mes hanches encore plus vastes
que le grand-large. Non, un bateau même
glissant devant les portes vitrées—fichu rouge
en signal de détresse. Oh ! où est le temps
où nous en étions à nos débuts,
où il me laissait m'asseoir à mon aise
dans un fauteuil ou le jardin !

Encore une minute, et c'est tout.
Il n'a qu'à peindre de mémoire.
J'ai déjà les pieds gourds et dois donner
mes ordres à la nouvelle bonne pour le dîner.

Mais si je pose encore un peu plus longtemps,
il sera si reconnaissant qu'il fera tout
ce que je lui demanderai ce soir au lit.
Je dirai que j'ai toujours froid aux pieds, que c'est là
qu'il doit commencer, puis remonter ; et peu m'importe
s'il a toujours l'esprit sur son tableau.
On va jouer ce jeu où je suis la toile,
sa langue le seul pinceau,
jusqu'à ce que soudain je trouve
celui qu'il aime pour fignoler.

Boulevard des Capucines, 1873-74

Le Boulevard des Capucines

Claude Monet, French, 1840-1926

Oil on canvas, 80.4x60.3 cm

The Nelson-Atkins Museum of Art, Kansas City, Missouri
Purchase: The Kenneth A. and Helen E. Spencer Foundation Acquisition Fund

Body of Desire

Oh there's so much hurrying along the Boulevard des Capucines
because it's cold and no one's wearing boots that keep the slush

from running on up through their veins like the cold up trees
Monet has made from *flick,* from *flick,* his wrist so quick

the brush worked like a tongue in this song he has made
out of body, body of tree, of woman and man, body of umbrella

held against snow and cold, body of glare from the sun half there
as the flurries continue and the doors of cafes

open and close, body of table, of cup, of feet stamping against
the ache and slush, and then, outside again, body of blurred

figures hurrying past one another like the body of tears rushing into
blurred eyes, body of building and shadow,

of carriage and horse, body of hurrying forward, and just there—
where it seems there is no room for anything

but snow—in mid-air, slightly above all the hurrying, body
of the improbable, red blossoms that have drifted into winter

through the body of longing, body of spring hurrying through
the body of death—body of desire that is time rushing into us—

Corps de désir

Oh ! que de hâte sur le Boulevard des Capucines,
car comme il fait froid et que personne ne porte de bottines,

la neige fondue monte dans les veines comme le froid dans la sève
des arbres que Monet a peints d'un geste vif, à petits coups

de pinceau comme le ferait une langue dans ce chant qu'il a composé
de corps, de corps d'arbre, d'homme et de femme, de corps de parapluie

déployé contre neige et froid, corps de luminosité du soleil mi-présent
tandis que les flocons continuent à tomber, et que s'ouvrent et se ferment

les portes des brasseries, corps de table, de tasse et de pieds tapant le sol
contre froid et neige, puis dehors encore, corps flou de formes humaines

se croisant hâtivement comme le corps des larmes
emplissant soudain le regard brouillé, corps d'immeuble et d'ombre,

de cheval et de coche, corps de fuite en avant, et puis juste là—
là où il ne semble plus y avoir de place pour rien d'autre

que la neige—là, flottant dans l'air, juste au-dessus de toute cette hâte,
corps de l'improbable, des fleurs écarlates dérivant dans l'hiver

sur le flot de la fébrile attente, corps de printemps se hâtant vers
le corps de la mort—corps de désir qu'est le temps se hâtant en nous—

Sunset on the Seine in Winter, 1880
Coucher de soleil sur la Seine, l'hiver

Claude Monet, French, 1840-1926

Oil on canvas, 60x80 cm

Private Collection
Japan

Body in Late Meditation

An hour from now the river will be grey,
the last light rising up from it like smoke,
all trace of its red brilliance gone. This day
will be the past, when voices called or spoke

like rushing water, slowing as the cold
of night came nearer with its hints of death.
How quick all passing is. Even these bold
reds, spread like fire, give way to icy breath

tingeing the trees and banks unearthly white.
If night were one long dream of being held
inside the lover's arms, we'd stay there, light
with joy we'd never want to see dispelled.

We'd lose these dark-banked fears of growing old,
of slipping off like water, deep and cold.

Corps en sa méditation du soir

Dans une heure le fleuve sera gris, de lui
s'élèvera la dernière lueur telle une fumée,
tout ce rougeoiement se sera dissipé. Cette journée
sera le passé, où des voix appelaient, parlaient

telles des eaux vives ralentissant à mesure que le froid
de la nuit s'approchait, portant son augure de mort.
Tout ce qui passe est si bref. Même ces rouges vifs,
tels des incendies, s'éteignent sous le souffle glacé

qui teinte arbres et rives d'un blanc si éthéré.
Et si la nuit était un long rêve d'enlacement
dans les bras de l'aimé, on resterait là, léger
d'une joie telle qu'on la voudrait éternelle.

On perdrait ces craintes aux sombres rives de se voir vieillir,
de se voir glisser comme ces eaux profondes et glacées.

Morning Haze, 1894

Matin brumeux, débâcle

Claude Monet, French, 1840-1926

Oil on canvas, 65.6x100.3 cm

Philadelphia Museum of Art
Bequest of Mrs. Frank Graham Thomson

Body as a River Passing into Shadow

A thaw, a plunge, a thaw again—all month
the river's slowed and rushed, and now
ice floes drift like more forbidding islands
past the small one dense with trees so thin
they seem like clusterings of ghosts,
if ghosts could feel the cold and sink from
whiteness to these icy blues and greens
as snow will do in light or intense scrutiny.

Or maybe the reflections of the trees
in the slow-running water are the ghosts.
There's something missing, something longed-for
being sought, but the cries for it are muted,
as if the tongue and throat were sinking into air
or the world before us passing into shadow
like the dead in old books where they reappear
with bodies that give way to air the moment

grievers reach to touch them. We won't last
either. But stand beside me at this painting
for a while. Look how the trees reach down
into shadow, then become themselves again.
Let whatever cold that comes between us
sink beyond our reach the way loss
sinks from us while we go on, holding all
there is to hold as time moves through us.

Corps, comme fleuve glissant vers l'ombre

Un dégel, un gel, un dégel encore—tout le mois
le fleuve coulait lentement puis rapidement, et maintenant
la glace dérive en îles inquiétantes
devant l'îlot densément boisé d'arbres si élancés
qu'on dirait des fantômes assemblés
si tant est que les fantômes puissent sentir le froid et sombrer
de la blancheur dans ces bleus et verts glacés
comme le fait la neige sous la lumière ou l'insistant regard.

Ou se peut-il que les reflets des arbres
dans le lent courant d'eau soient eux-mêmes les fantômes.
Il manque quelque chose, une chose désirée à laquelle
on aspire, mais les implorations arrivent assourdies
comme si langue et gorge sombraient dans l'air
ou que le monde devant nous glissait vers l'ombre
tels les morts des vieux livres où ils réapparaissent
en corps qui s'évaporent dans l'air au moment

où en deuil on tente de les toucher. Nous ne durerons
pas plus. Mais reste à mon côté devant ce tableau
un moment. Vois comme les arbres s'enracinent
dans l'ombre, puis redeviennent eux-mêmes.
Laissons toute froideur qui s'insinuerait entre nous
sombrer hors de notre portée comme le deuil
sombre hors de nous pendant que nous durons, retenant tout
ce qu'il y a à retenir cependant que le temps s'écoule en nous.

LYNNE KNIGHT was born in Philadelphia, Pennsylvania, and grew up in Cornwall-on-Hudson, New York. She graduated from the University of Michigan, and then from Syracuse University,  where she was a fellow in poetry. After living for several years in Canada, she moved with her daughter to upstate New York. In 1990, she moved to Berkeley, California. Her first collection, *Dissolving Borders*, won a *Quarterly Review Prize in Literature* in 1996. Her second collection, *The Book of Common Betrayals,* won the Bear Star Press Award in 2002. *Night in the Shape of a Mirror,* her third collection, was published by David Robert Books in 2006. Her poems have appeared in a number of journals, including *Georgia Review, Poetry, Southern Review* and *Best American Poetry 2000.* She teaches writing at two colleges in the San Francisco Bay Area.

LYNNE KNIGHT est née à Philadelphie, en Pennsylvanie, et a grandi à Cornwall-on-Hudson, dans l'état de New York. Elle a fait ses études universitaires à l'Université du Michigan puis à l'Université de Syracuse où elle a obtenu une bourse d'études en poésie. Après avoir passé plusieurs années au Canada, elle a vécu dans le nord de l'état de New York avec sa fille. Depuis 1990, elle vit à Berkeley, en Californie. Son premier recueil de poèmes, *Dissolving Borders,* lui a valu un Prix de la *Quarterly Review of Literature* en 1996. Ses œuvres ont paru dans de nombreux Cahiers Littéraires, dont *Georgia Review, Poetry, Southern Review* et *Best American Poetry 2000.* Lynne Knight enseigne dans deux collèges universitaires de la région de San Francisco.

NICOLE COURTET est née à Paris et a grandi dans le Val de Loire tout en gardant ses racines familiales en Franche-Comté où elle a fait ses études universitaires. Elle a obtenu une Licence d'espagnol  puis une Maîtrise de linguistique appliquée à l'enseignement du français langue étrangère à l'Université de Besançon où elle a enseigné deux ans au Centre de Linguistique Appliquée. Depuis 1975, elle vit dans la région de San Francisco. Professeur de français à l'Alliance Française de San Francisco pendant vingt ans, elle enseigne depuis 1999 à l'Alliance Française de Berkeley. Elle a également enseigné au Monterey Institute of International Studies et accompli divers travaux de traduction.

NICOLE COURTET was born in Paris and grew up in the Loire Valley, never losing touch with her family's roots in Franche-Comté. There, she attended the University of Besançon, receiving first a degree in Spanish and then a master's in teaching French as a foreign language. She taught for two years at the Center for Applied Linguistics in Besançon, and then, in 1975, moved to the San Francisco area. A professor of French for 20 years at the Alliance Française of San Francisco, she has been a faculty member at the Alliance Française of Berkeley since 1999. She has also taught at the Monterey Institute of International Studies and, over the years, translated a number of works into French.

Dans une authentique exploration de son imaginaire, d'un œil perçant et d'une sensibilité pénétrante, Lynne Knight entre dans quinze paysages d'hiver impressionnistes et les fait siens, découvrant en chemin beauté et révélation. Ses explorations prennent la qualité d'une longue contemplation— « le cœur voit ce qu'il voit », écrit le poète, mais seulement lorsque sont bien ouverts nos deux yeux, le regard vers l'intérieur et le regard vers l'extérieur. Les yeux grands ouverts, Knight trouve pour notre plaisir et notre éducation de lecteur la façon dont la chaleur de l'éros répond au froid de la neige, la façon dont l'ajout de noir au pinceau crée la blancheur de la neige. Chaque poème développe et libère son image dans ce livre réfléchi, inventif, de très belle facture. **Jane Hirshfield**

 Des poèmes d'une très belle facture, dans une édition éblouissante. Le tout rayonne de lumière. Une œuvre décisive pour Lynne Knight et un nouveau sommet pour la Série des Poètes Choisis de Small Poetry Press.

Robert Sward

Lynne Knight examine quinze peintures impressionnistes dépeignant les hivers les plus rigoureux de l'histoire récente de France et y répond par des poèmes de deuil, de passion, d'amour et d'un désir amoureux si puissant qu'il en pénètre les paysages glacés des toiles. Là où les peintures sondent la nature de la lumière, les poèmes évoquent l'infinité de l'invisible désir inexprimé, tapi sous les coups de pinceau du peintre et dans nos cœurs d'humains. Accompagnés des peintures qui les ont inspirés, ces poèmes sont une source de satisfactions incomparables. **Andrea Hollander Budy**

Effets de neige accomplit une délicieuse triangulation de peinture, de poésie et du monde. La loyauté de Knight envers les visions des artistes, les exigences du langage et la vie humaine dans le déroulement de ses drames est invincible et donne une ardente gravité à sa voix. Elle s'est en effet approprié les Impressionnistes à ses propres fins mais s'est remarquablement abstenue de trahir ses sources, les renouvelant et les élargissant plutôt, au point même d'imaginer de façon audacieuse et convaincante les histoires des personnages dépeints dans les paysages français. **Philip Dacey**

Effets de neige de Lynne Knight est un mariage parfait de poésie et d'art. Les peintures impressionnistes y sont reproduites avec une fidélité qui fait ressentir à la fois la beauté et le froid de l'hiver. Poète de premier ordre, Knight fait pleinement honneur à l'art. Et Small Poetry Press s'est surpassé—une fois de plus. Ces dernières années, la poésie ecphrastique n'a retenu l'attention que des plus avertis. *Effets de neige* de Lynne Knight en est le premier exemple pleinement satisfaisant que j'aie vu. Les amoureux de poésie et de belles peintures doubleront amplement leur sentiment de détenir un trésor par l'acquisition de ce livre remarquable. **Jennifer Bosveld**

Je me suis mise à lire *Effets de neige* une nuit blanche à deux heures du matin, avec l'intention de lire quelques poèmes, mais quelques heures plus tard je lisais et relisais, magnétisée par l'éblouissante fraîcheur du regard et de la voix de Lynne Knight. Cela demande du courage d'unir sa poésie à des chefs d'œuvre de Monet, Renoir, Sisley, Pissarro. *Effets de neige* à sa place sur chaque bureau, dans chaque salle de classe, dans chaque bibliothèque, dans chaque musée où résident art et poésie. **Ruth Daigon**

Snow Effects